I0122777

8º L⁴ʰ
1575

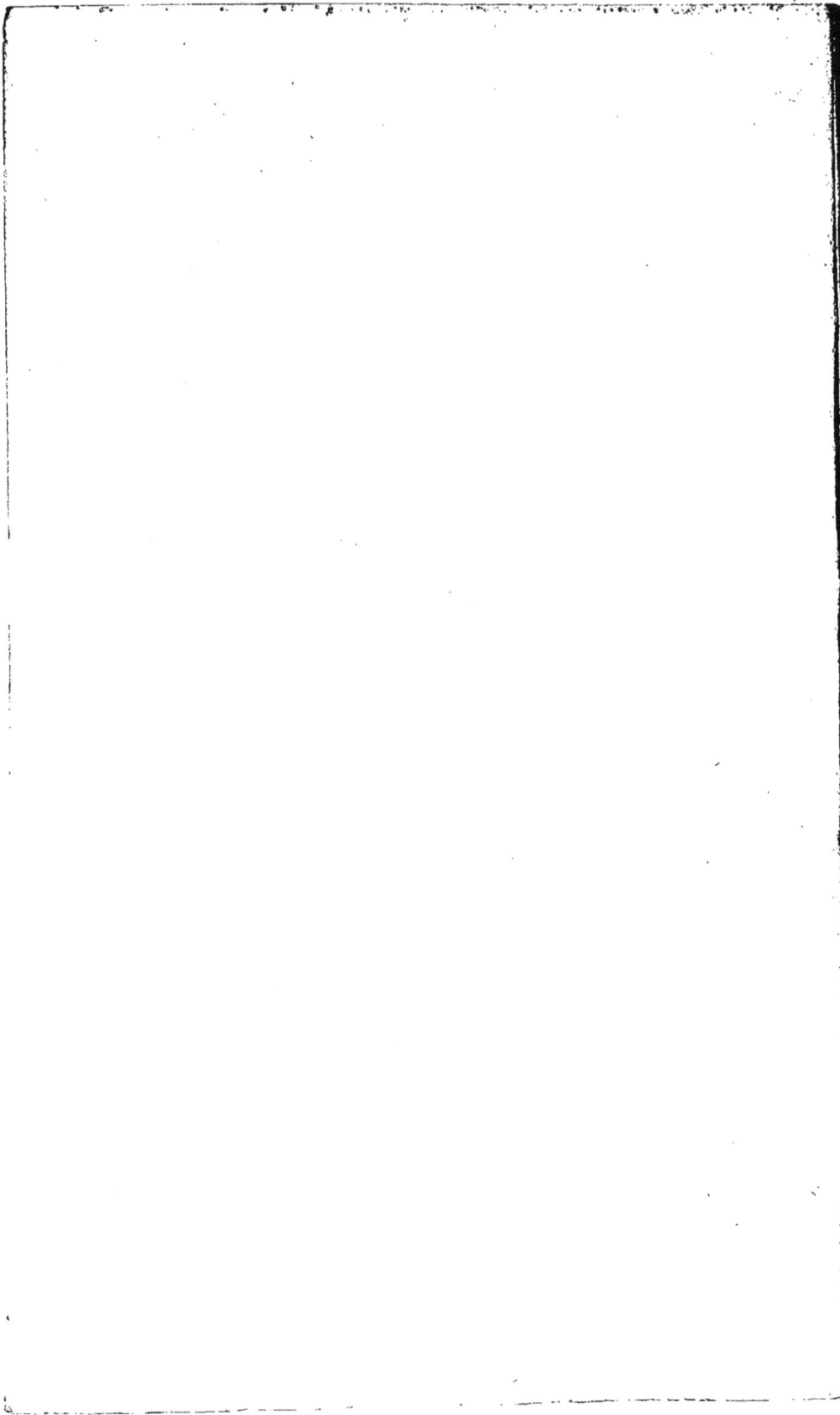

COMITÉ ROCHELAIS

DE

ASSOCIATION DES DAMES

DE LA CHARENTE-INFÉRIEURE

DE SECOURS AUX MILITAIRES BLESSÉS

DE TERRE OU DE MER

EN CAS DE GUERRE OU DE CALAMITÉS PUBLIQUES

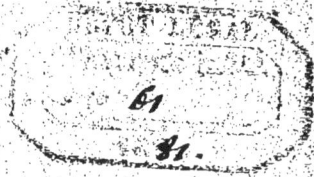

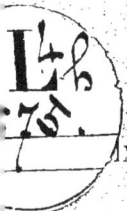

LA ROCHELLE

IMPRIMERIE A. SIRET, RUE DE L'ESCALE, 23

—

1881

COMITÉ ROCHELAIS

DE

L'ASSOCIATION DES DAMES

DE LA CHARENTE-INFÉRIEURE

DE SECOURS AUX MILITAIRES BLESSÉS

DE TERRE OU DE MER

EN CAS DE GUERRE OU DE CALAMITÉS PUBLIQUES

LA ROCHELLE

IMPRIMERIE A. SIRET, RUE DE L'ESCALE, 23

—

1881

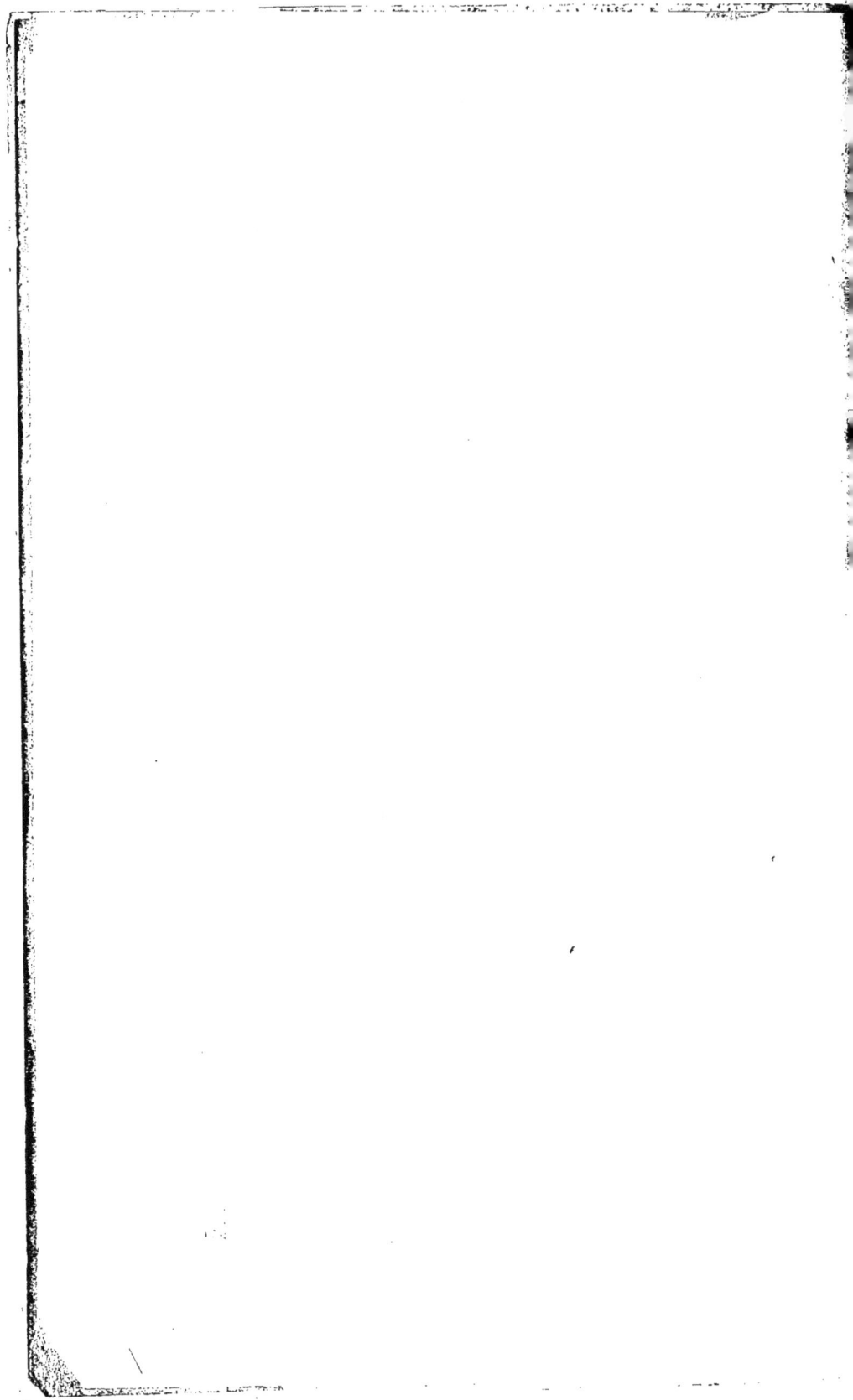

PROCÈS-VERBAL

Le dimanche 3 juillet 1881, le Comité Rochelais de l'Association des Dames françaises était réuni dans la salle haute de la Bourse, sous la Présidence de Mme Emile Delmas.

Une partie de la Commission administrative formait le bureau :

Mesdames : Charriot, Dor, D'Orbigny, W. Morch, Pillot, Regnault, Vivier.

Messieurs : Dr Drouineau, Dr Lagarde, Franck Morch.

A 1 heure 3/4 Mme la Présidente déclare la séance ouverte. La parole est donnée à M. Franck Morch, secrétaire, pour la lecture d'un rapport (*) sur la situation nouvelle qui est faite au Comité Rochelais, par un conflit survenu récemment entre certains membres du Comité central de Paris.

Ce rapport établit que ce sont les questions per-

(*) Voir ce rapport, page 6.

sonnelles qui ont causé cette scission ; que les membres dissidents en créant une société rivale arrêtent, pour le moment du moins, le développement d'une association unique et nationale et qu'en présence de de ces faits, la Commission administrative du Comité Rochelais a été unanime à penser que le mieux était de ne pas prendre parti dans la question mais au contraire de se constituer indépendant, en un mot transformer le Comité Rochelais de l'Association des Dames françaises, en Comité départemental, sous le nom d'*Association des Dames de la Charente-Inférieure*.

Après cette lecture, Mme la Présidente explique que c'est pour demander au Comité d'adopter les conclusions de ce rapport, que la Commission administrative l'a convoqué aujourd'hui en Assemblée générale extraordinaire ; mais avant de procéder au vote le Comité se croit-il en nombre suffisant pour que les résolutions prises soient valables ?

Tous les membres ayant répondu affimativement les conclusions du rapport sont mises aux voix et adoptées à l'unanimité.

M. le Dr Lagarde (*) présente alors quelques observations sur le but plus spécial que devra poursuivre le Comité départemental. Ayant la libre disposition de ses ressources, il pourra les consacrer presque exclusivement à l'organisation d'un matériel aussi complet que possible et d'une ambulance.

Mais pour ce faire il faut beaucoup d'argent et par suite le concours de toutes les femmes inspirées par

(*) Voir ce discours, page 8.

l'amour du bien et de la charité. Les Dames de la Charente-Inférieure ne failliront pas à la noble et patriotique tâche qui leur est proposée.

Après ce discours fort applaudi M. le Secrétaire commence la lecture des statuts nouveaux élaborés par la Commission avec le précieux concours de M⁰ Roux, notaire, à la Rochelle. Ces statuts sont lus article par article et adoptés de même.

Mme la Présidente déclare ensuite que le rôle de la Commission administrative est fini et prie l'Assemblée de vouloir bien procéder à l'élection d'une Commission nouvelle.

Sur la proposition d'un membre, la Commission tout entière est réélue par acclamation, mais le nombre des membres de la Commission étant augmenté par les nouveaux statuts, on procède à l'élection de deux dames et un homme.

MM^{mes} Leps et Lamirande sont nommées ainsi que M⁰ Roux, notaire.

Mme la Présidente, lève la séance à 3 heures après avoir proclamé le résultat du vote.

RAPPORT

LU A L'ASSEMBLÉE GÉNÉRALE

PAR

M. F. MORCH, SECRÉTAIRE.

———

MESDAMES,

La Commission administrative du Comité Rochelais de l'Association des Dames françaises vous a convoquées aujour-d'hui en Assemblée générale extraordinaire. En peu de mots, voici pourquoi :

Le Comité central de Paris, dont nous dépendons, s'est trouvé divisé par des questions de personnes. Plusieurs de ses membres viennent de donner leur démission et essaient à l'heure actuelle de créer une Société rivale. Bref, cette Société unique, qui devait réunir sans aucune distinction toutes les femmes françaises et s'étendre dans tout le pays, — que, pour notre part, nous avons essayé de fonder ici, — cette Société, dis-je, traverse une crise dont elle sortira victorieuse et plus forte, nous l'espérons, mais dont il est impossible de prévoir le terme.

En présence de ces faits, votre Commission, après s'être

entourée de renseignements les plus sérieux et les plus précis, relatifs à cette scission, a été *unanime* à penser que, se constituer indépendant, était ce qu'il y avait de mieux à faire pour le Comité Rochelais.

Ne pas prendre parti dans le conflit actuel, nous établir Comité départemental indépendant, — voilà ce que nous venons aujourd'hui vous proposer.

Cela ne nous empêchera pas, remarquez-le bien, de nous rattacher plus tard à celle des deux Sociétés qui deviendra vraiment la Société Nationale, — et cela nous permet, en attendant, de continuer à affirmer notre existence. Non-seulement nos ressources seront augmentées, — parce que nous n'aurons plus rien à verser à un Comité supérieur et que nous pourrons, au contraire, recevoir les versements des Sous-Comités du département; mais encore nous aurons le libre emploi de ces ressources. Une voix plus autorisée que la mienne vous dira tout à l'heure le but plus spécial que nous voulons poursuivre; mais dès maintenant vous comprendrez que notre champ d'action étant limité au département, toutes nos dépenses les plus minimes seront sous votre contrôle immédiat. Nous pourrons, en outre, réunir tous nos efforts, disposer de toutes nos ressources, en faveur des malheurs auxquels nous serons le plus directement intéressés. En cas de guerre, par exemple, ce sera aux enfants de notre département que nous enverrons la plus grande partie de nos secours. Mais il est évident aussi que, n'ayant plus à compter sur l'appui du Comité de Paris, ni sur les envois de toute sorte qu'il nous pouvait faire, il nous faudra, pour fonctionner d'une manière profitable et régulière, des ressources plus considérables. Le Comité Rochelais devra faire de nouvelles recrues; nous comptons aujourd'hui plus de 160 adhérentes; c'est un beau résultat dont l'honneur, Mesdames, vous revient tout entier; mais ce n'est pas suffisant. Connaissant votre zèle infatigable, nous n'insistons pas : encore une fois, le résultat dépassera nos espérances.

Par avance, aussi, nous sommes persuadés que vous adhè-
rerez à la proposition d'indépendance que nous avons l'honneur
de vous soumettre — à l'unanimité, — car nous estimons que
c'est le seul moyen de mener à bonne fin l'œuvre de patriotisme et de charité que nous avons entrepris de fonder en-
semble.

Voici le discours de M. le Dr Lagarde :

MESDAMES,

Venir au secours de malheureux éprouvés par un sinistre
exceptionnel ; soigner, panser nos malades et nos blessés en
temps de guerre ; voilà le double but que se propose de rem-
plir, avec votre précieux concours, l'Association des Dames
de la Charente-Inférieure.

Les changements que votre Commission administrative vient
aujourd'hui vous proposer d'apporter aux statuts primitivement
adoptés ne modifient en rien ce généreux programme. Au
contraire, rendue tout-à-fait indépendante par suite de la
dissolution du Comité de Paris, votre Association peut dès
aujourd'hui disposer librement de toutes ses ressources et les
consacrer uniquement à la création d'un matériel de secours
et à l'organisation complète d'une ambulance. Dans ces condi-
tions, que doit être une ambulance ? Sur quelles bases l'orga-
niser ? Quels secours est-on en droit d'en attendre ? De quelles
ressources doit-elle disposer ?

Une ambulance doit être un petit hôpital temporaire, destiné
à recueillir, soigner et nourrir les malades et les blessés,
qu'en temps de calamité publique et surtout en temps de
guerre, les hospices civils et les hôpitaux militaires encombrés,
ne peuvent recevoir.

Cette ambulance doit pouvoir disposer d'un certain nombre
de lits, être largement pourvue de linge, d'appareils, d'instru-
ments de chirurgie et de médicaments.

Son personnel doit se composer :

D'un ou de plusieurs médecins ; de dames préposées, les unes à la surveillance du service, à la confection du linge à pansements, à la conservation du matériel ; les autres chargées plus particulièrement des soins à donner aux malades et de procéder au pansement des blessés.

Enfin d'un certain nombre d'infirmières, auxquelles incombent plus spécialement le service intérieur de l'ambulance et les travaux de force.

Ainsi organisée et pourvue, une ambulance disposant de 20 lits par exemple, exigerait pour son matériel une dépense d'environ 3,500 fr. et une somme de 1,600 fr. pour l'entretien de ses vingt malades pendant une période de quarante jours.

Une semblable création, comme vous le voyez, Mesdames, entraîne d'assez fortes dépenses et impose aux membres actifs de l'Association de sérieuses obligations. Mais, depuis bien des siècles, les femmes de France n'ont plus à faire la preuve de leurs aptitudes généreuses. Inspirées, comme leurs devancières, des sentiments du plus ardent patriotisme, guidées par l'expérience des douloureux événements passés, mieux préparées par conséquent pour ceux à venir, que ne devons-nous pas attendre de leur zèle, de leur dévouement et de leur expérience. Associons-nous donc tous aux femmes d'élite qui ont pris l'initiative de la création de l'Association des Dames de la Charente-Inférieure et concourons chacun, dans la mesure de nos facultés et de nos ressources, au succès de cette œuvre de bien et de charité.

Dʳ LAGARDE,

Médecin en chef de l'hôpital Aufrédy.

STATUTS

DE

L'ASSOCIATION DES DAMES

DE LA CHARENTE-INFÉRIEURE

Délibérés et votés dans l'Assemblée générale du 3 Juillet 1881.

TITRE PREMIER

—

Association. — Son Objet. — Sa Formation.

ARTICLE PREMIER.

Il est formé une Association charitable et patriotique entre les dames du département de la Charente-Inférieure, qui adhèrent aux présents Statuts et contribuent soit par leurs soins et travaux, soit pécuniairement et cela conformément à l'article 5 ci-après, à l'œuvre de charité et de patriotisme objet de la présente Société.

Elle ne fait pas concurrence aux Sociétés laïques et religieuses de secours permanents.

Elle ne marche pas avec les armées, elle ne s'occupe pas des moyens de transports.

ARTICLE 2.

Cette Association se compose essentiellement de femmes; les hommes pourront cependant en faire partie à titre auxiliaire seulement, sans pouvoir prendre part aux délibérations de la Société, à l'exception des membres faisant partie de l'Administration, et ce en payant l'une des cotisations ci-après fixées.

ARTICLE 3.

Elle prend le titre de : ASSOCIATION DES DAMES DE LA CHARENTE-INFÉRIEURE.

Elle est d'une durée illimitée.

Et elle a son siège social à la Rochelle.

ARTICLE 4.

Son objet est principalement de secourir les militaires et les marins en temps de guerre.

Elle peut en outre apporter des secours en temps de paix, en cas de calamités publiques et de désastres tels que : inondations, épidémies, incendies, disettes, naufrages, explosions, catastrophes de chemins de fer, etc...

Les secours sont accordés sans distinction d'idées politiques et religieuses.

ARTICLE 5.

Pour atteindre le but qu'elle se propose, cette Association doit : 1º former un personnel de femmes capables de rendre des services dans l'intérieur des ambulances ; 2º réunir un matériel aussi parfait que possible, surtout en objets de pansement; 3º amasser assidûment les fonds nécessaires à l'acquisition de ce matériel et en assurer le bon emploi.

ARTICLE 6.

En ce qui touche sa mission la Société s'engage à se conformer en tous points aux réglements militaires de l'armée française.

En cas de guerre où la France sera engagée, l'Association pourra, si elle le juge convenable, offrir son concours à la Société française de secours aux blessés militaires officiellement reconnue des ministères de la guerre et de la marine.

ARTICLE 7.

Elle pourra même disposer d'une partie de ses ressources déterminées par ses Statuts pour secourir les nations étrangères, soit en cas de guerre, soit en cas de calamités.

ARTICLE 8.

L'Association se compose de trois groupes de membres :

1º Ceux qui s'engagent à payer une cotisation annuelle de 10 ou de 20 francs à volonté ;

2º Ceux qui ne paient pas de cotisations, mais qui offrent leurs services actifs ;

3º Ceux qui paient la cotisation et qui, en outre, rendent des services actifs, soit dans les ambulances, soit dans les commissions qui élaborent les travaux, soit dans les ateliers de l'Association.

ARTICLE 9.

Pour faire partie de la dite Association, il faut être présenté par un membre de la Société à la Commission administrative, qui statue au scrutin secret.

ARTICLE 10.

La Commission administrative peut aussi décerner :

1º Le titre de Bienfaiteur aux membres de l'Association

qui donnent une somme d'au moins 100 francs une fois donnée outre leur cotisation annuelle ;

2º Le titre de Donateur à ceux qui donnent de 20 à 100 francs toujours en outre de la cotisation.

Les cotisations peuvent être rachetées moyennant 150 francs pour celles de 10 francs et 300 francs pour celles de vingt francs.

Les rachats confèrent le titre de membre à vie.

ARTICLE 11.

L'Association prendra les mesures nécessaires pour être reconnue d'utilité publique.

TITRE II
—

Ressources. — Emploi des Fonds.

ARTICLE 12.

Les ressources de l'Association se composent :

1º Des cotisations des Sociétaires ;

2º Des dons, legs et affectations en argent ou en nature ;

3º Du matériel appartenant à l'Association ;

4º Du fonds de réserve ;

5º Des subventions qui peuvent lui être accordées ;

6º Du produit des conférences, concerts, représentations, bals, loteries, etc., organisés à son profit.

ARTICLE 13.

Deux cinquièmes des fonds de toutes provenances doivent servir à constituer un fonds de réserve, les trois autres cinquièmes seront consacrés aux dépenses annuelles, ces derniers fonds seront déposés par la Trésorière soit à la banque de France, soit dans un établissement offrant les mêmes garanties.

Les fonds de réserve seront placés soit en rentes sur l'Etat soit en obligations de l'une des cinq grandes compagnies de chemins de fer français.

TITRE III

—

Administration. — Sous-Comités.

ARTICLE 14.

L'Association est dirigée par une Commission administrative composée de douze Dames et de cinq Messieurs, élus chaque année par l'Assemblée générale à la simple majorité des voix.

Une Commission consultative composée d'hommes spéciaux peut être constituée par la Commission administrative pour l'éclairer sur les questions spéciales et techniques.

ARTICLE 15.

La Commission une fois nommée élit à son tour son bureau composé d'une Présidente, d'une Vice-Présidente, une Trésorière, une Secrétaire et un Secrétaire général.

La Présidente signe avec la Trésorière les pièces de comptabilité de toute nature, les Secrétaires reçoivent les demandes d'admission et de secours, rédigent les procès-verbaux et sont chargés de la correspondance , la Commission administre avec le bureau , distribue les fonds de secours , veille à la constitution du fonds de réserve , à la formation et à la conservation du matériel , recrute le personnel , s'occupe de son instruction et de son emploi , statue chaque année sur la somme appliquée au budget de l'exercice.

ARTICLE 16.

Des sous-comités locaux peuvent se former dans le département toutes les fois que des groupes d'au moins trente membres payants en auront exprimé le désir.

Dès que les adhésions seront parvenues au Comité central de la Rochelle, il provoquera l'organisation desdits sous-Comités , si l'initiative de cette organisation n'a pas été prise dans les lieux où ils seront formés.

Les sous-Comités seront régis par les présents Statuts.

ARTICLE 17.

Toutefois et par dérogation aux présents Statuts la Commission administrative de ces sous-Comités peut être réduite si les circonstances l'exigent à huit membres , six Dames et deux Hommes.

ARTICLE 18.

Ces sous-Comités doivent verser le dixième de leurs ressources dans la caisse du Comité central , les autres neuf dixièmes doivent servir , savoir : à concurrence de quatre dixièmes à fonder une caisse de réserve, et pour les cinq dixièmes de surplus à faire face aux dépenses annuelles.

TITRE IV

—

Assemblée générale.

ARTICLE 19.

Chaque année, dans le mois d'avril, il y a réunion en Assemblée générale de tous les membres de l'Association

Les sous-Comités doivent envoyer un délégué à cette réunion ou se faire représenter par une personne membre de la Société et habitant la Rochelle.

Le bureau est composé du bureau de la Commission administrative et de deux des délégués des sous-Comités désignés par le sort.

ARTICLE 20.

Il est donné dans cette séance communication du compte-rendu des opérations de l'année et de la situation financière de l'Association ainsi que de la composition du matériel.

Les délégués des sous-Comités doivent également rendre compte de la situation des Comités qu'ils représentent.

ARTICLE 21.

Il est procédé dans cette réunion générale à l'élection des membres de la Commission administrative pour l'année, et la Commission elle-même nomme le bureau.

ARTICLE 22.

Les sous-Comités doivent également se réunir en Assemblée générale dans la quinzaine qui précède la réunion du Comité central.

ARTICLE 23.

Les délibérations de l'Assemblée générale sont prises à la simple majorité des voix exprimées.

ARTICLE 24.

Les questions sur lesquelles l'Assemblée doit être consultée, doivent être indiquées à l'avance dans l'ordre du jour.

Toutes les propositions faites en séance et qui ne concernent pas l'ordre du jour, sont renvoyées à des Commissions qui les étudient.

ARTICLE 25.

En cas d'urgence l'Assemblée générale pourra être convoquée par la Commission administrative en dehors de l'époque ordinaire et en session extraordinaire.

Au début d'une guerre à laquelle la France prend part, cette convocation est obligatoire.

TITRE V

—

Assemblée de la Commission administrative.

ARTICLE 26.

La Commission administrative se réunit au moins tous les deux mois et elle se réunit en outre toutes les fois que la Présidente juge nécessaire de la convoquer.

Dans ces réunions la Commission statue définitivement sur les demandes d'admission et sur les exclusions.

L'exclusion ne pourra être prononcée qu'à la majorité des trois quarts des membres composant la Commission.

ARTICLE 27.

La présence de neuf membres suffit y compris deux membres du bureau, pour la validité des résolutions.

En cas de partage d'opinion, la voix de la Présidente de la Commission est prépondérante.

ARTICLE 28.

Dans le cas où la Commission serait réduite à moins des deux tiers des membres, il y aura lieu de réunir l'Assemblée générale pour procéder à l'élection de nouveaux membres.

TITRE IV

—

Distribution des secours.

ARTICLE 29.

Pour les secours en argent en cas de calamité en France, il ne peut être employé que les fonds disponibles annuellement et un vingtième des fonds de réserve.

Pour les secours aux nations étrangères il ne peut jamais être touché aux fonds de réserve.

En cas de guerre, l'Assemblée générale convoquée à à cet effet décidera seule dans quelle mesure il faudra toucher aux fonds de réserve.

TITRE VII

—

Pouvoirs pour soutenir les intérets de l'Association.

ARTICLE 30.

Tous pouvoirs sont donnés à la Présidente du Comité central ainsi qu'aux Présidentes des sous-Comités pour défendre en tous lieux les intérêts de l'Association.

TITRE VIII

—

Modifications aux Statuts.

ARTIGLE 31.

Toute modification aux présents Statuts est soumise à une Assemblée générale de l'Association formée comme il est dit ci-dessus.

TITRE IX

—

Dissolution.

ARTICLE 32.

Dans le cas où les deux tiers des membres de l'Association auraient en Assemblée générale voté la dissolution de la Société un tiers de l'Avoir du Comité tant en fonds qu'en matériel, sera versé au Bureau de Bienfaisance et les deux tiers aux hospices civils de la Rochelle.

ARTICLE 33.

Si les sous-Comités réunis à cet effet prononçent leur dissolution, tout leur avoir sera versé au Comité central de la Rochelle.

Vu et approuvé, conformément à notre arrêté du 28 juillet 1881.

Le Préfet de la Charente-Inférieure,

LAGARDE.

COMMISSION ADMINISTRATIVE

DU COMITÉ ROCHELAIS

———

Mesdames   CHARRIOT.
E. DELMAS, *Présidente*.
DOR, *vice-Présidente*.
D'ORBIGNY, *Trésorière*.
GERMAIN.
LAMIRANDE.
W. MORCH.
A. PELLEVOISIN.
M. PILLOT.
REGNAULT, *Secrétaire*.
L. VIVIER.

Messieurs   Dr DAVID.
Dr DROUINEAU FILS.
Dr LAGARDE.
FRANCK MORCH, *Secrétaire*.
ROUX.

LISTE

Des Membres du Comité Rochelais de l'Association des Dames

DE LA CHARENTE-INFÉRIEURE.

Mmes ADMYRAULD, rue Saint-Léonard.
» ALBOUIS, quai Duperré.
» ANONYME (Vendée).
» ANONYME (Vendée).
» ARNOUX, rue Réaumur.
» ASTLE, cours des Dames.
Mlles ASTLE, cours des Dames.
» AUCAPITAINE, petite rue Réaumur.
MM. BABUT, EUGÈNE, rue Villeneuve.
» BABUT, HENRI, rue des Ormeaux.
Mmes BABUT, THÉOPHILE, rue des Trois-Marteanx.
» BARBEDETTE, rue Réaumur.
» BASSET mère, rue des Merciers.
» BASSET, CH., cours des Dames.
» BERNARD, AUG., à Saint-Martin de Ré
» BERTON, à Saint-Martin de Ré.
» BELNOUE, rue du Port.
» BONNEVILLE, cours des Dames.
» BOISDON, CLITUS, rue Villeneuve.
» BOURRAT, rue du Palais.
» BOUTHILLIER, à Saint-Martin de Ré.
M. BOYREAU, docteur, cour de la Commanderie.
Mmes BONNEAU, HENRI, rue Dupaty.
» BRARD, rue du Cordouan.

Mmes BRÉDIF, rue Dauphine.

» BUNEL, rue Gargoulleau.

» CADOR, ARMAND, cour de la Commanderie.

» CALLOT, ERNEST, rue Réaumur.

» CALLOT, FÉLIX, rue Réaumur.

» CANAUD, HENRI, rue Villeneuve.

» CARTIER, rue de la Cloche.

» CAVAILHÈS (DE), quai Duperré.

» CHAIGNEAU.

» CAQUINEAU, à Charron.

» CHARRIOT, Direction du Génie.

» CONDAMY, rue du Temple.

» CHARRON, PAUL, rue Saint-Louis, 68 (Rochefort).

» COUAT, petite rue Rambaud.

» COUDRIN, rue du Palais.

» CROIZILLE, petite rue Réaumur.

» DAVID, PHILIPPE, rue Amelot.

» DEFORGE, rue Réaumur.

» DEBASTE, M., rue du Collége, 30.

» DELAMAIN, à Jarnac (Charente).

» DELMAS mère, petite rue Réaumur.

» DELMAS, ÉMILE, villa Mulhouse.

» DELMAS, FRANK, Fort-Louis.

MM. DELMAS, JULIEN, cours des Dames.

» DELMAS, WILLIAM, quai Duperré.

Mmes DELOUCHE, rue de l'Hôtel-de-Ville.

» DOR, rue Réaumur.

» DROUINEAU mère, rue Gabriel Admyrauld.

» DROUINEAU, GUSTAVE, rue des Augustins.

» DROUINEAU, THÉODORE.

» DUCLOS-GUYOT, rue Chef-de-Ville.

» DUPUY, rue des Fonderies.

» DUMAS, rue du Palais.

» DUTOUQUET, rue des Augustins.

» FAUSTIN mère, rue Bethléem.

» FAUSTIN, GEORGES, place d'Armes.

» FOUCAULT, quai Maubec.

» FOURNIER, JULES, à Saint-Martin de Ré.

Mmes GARLANDIER, Direction du Génie.

  » GARNIER mère, place de la Préfecture.

  » GARNIER, place de la Préfecture.

Mlle GARREAU, SOPHIE, rue Chef-de-Ville.

Mmes GAUCHARD, A., rue Saint-Yon.

  » GAULTIER, rue de la Monnaie.

  » GAUTRON, PHILIBERT, place Saint-Nicolas.

  » GERMAIN, J.-L., rue des Fonderies.

  » GIRARDEAU, rue du Duc.

  » GOURREAU, rue Saint-Nicolas.

  » GOURVILLE (Veuve de), rue Réaumur.

  » GUILLOCHON, HENRI, à Saint-Martin de Ré.

  » GUYOT-DUCLOS, rue Chef-de-Ville.

  » HÉRARD (Veuve), rue de l'Escale.

  » KAHN, rue Réaumur.

  » LABBÉ, à Saint-Martin de Ré.

  » LABRETONNIÈRE, rue Réaumur.

  » LACONFRETTE, J., rue des Merciers.

  » LAGARDE, hôtel de la Préfecture.

  » LAGARDE, hospice militaire.

M. LAIR, JOSEPH, à Saint-Jean-d'Angély.

Mmes LAIR, JOSEPH, à Saint-Jean-d'Angély.

  » LAMBERT (Veuve), rue des Murailles.

  » LAMIRANDE, rue du Temple.

  » LANDRIAU, ALFRED, à Tonnay-Charente.

  » LAROY (DE), née DE HEIMBACH, rue Dauphine.

Mlle LAROY (DE), rue Dauphine.

Mmes LAURENT, JULIEN, place du Marché.

  » LAVERGNE, E., à Saint-Martin de Ré.

  » LECLERC, rue Réaumur.

  » LECOMTE, rue Villeneuve.

  » LEDOUX, ANTONY, rue Gabriel Admyrauld.

  » LEGEAY, rue Gabriel Admyrauld.

  » LEPS, rue Réaumur.

  » LESPÈS-SEIGNETTE, rue Saint-Léonard.

  » LÉVY, quai Duperré.

Mlle MARCHEGAY, ANNA, rue Dupaty.

Mme MARCHEGAY, EDMOND, rue des Fonderies (Rochefort).

Mme MARCHESSEAU , Richelieu (près la Rochelle).

Mlle MARCHESSEAU , Richelieu   (id.)

Mmes MARTINEAU , ALEX., Saint-Martin-de-Ré.

» MASSIOU , rue Chef-de-Ville.

» MÉDAN , rue des Merciers , 8.

» MÉNEAU , rue du Temple , 35.

Mlle MÉNEAU , rue du Temple , 35.

Mmes MERTZ-BABUT , rue des Ormeaux , 3.

» MEYER , EUG., rue de la Cloche.

» MICHEL , rue des Merciers.

» MOLLARD , Fort-Louis.

» MORCH , FRANCK , quai Valin.

» MORCH , WLADIMIR , rue Réaumur.

» MOREAU , rue Gabriel Admyrauld.

» NADEAU , CH., rue des Fonderies.

» NAU (Ve E.), rue des Merciers.

» NEUMANN , rue des Merciers.

» NORMAN-DUFIÉ , Saint-Jean-d'Angély.

» D'ORBIGNY , petite rue Saint-Léonard.

Mlle D'ORBIGNY , petite rue Saint-Léonard.

Mmes PÉAN , Richelieu (près la Rochelle).

» PELLEVOISIN , ALPHONSE , quai Valin.

» PERRIER , AUG., rue Villeneuve.

» PILLET , rue Chaudrier.

» PILLOT , CLÉOMÈNE , rue Saint-Jean.

» PILLOT , MAURICE , Cours des Dames.

Mlle PUJOL (DE), rue Réaumur.

Mmes RANG , GEORGES, rue Chef-de-Ville.

» RÉGNAULT , ANTONY , rue de la Cloche.

» RIVAILLE, ALCIDE , rue des Saintes-Claires.

» RIZAT , ERASME, Tonnay-Charente.

» ROLLAND , Cours des Dames.

» ROMIEUX , WILLIAM , rue des Trois-Marteaux.

M. ROUX , notaire , rue Chaudrier.

Mmes ROY , rue Chaudrier.

» SABOURAUD , Salidieu (Vendée).

Mlle SABOURAUD , Salidieu (Vendée).

Mmes SAINT-GERMAIN (DE), rue de l'Escale.

Mmes SANIER , A., rue Alcide d'Orbigny.

» SAUVE , Saint-Martin-de-Ré.

» SENNÉ , LÉON , Marennes (Charente-Inférieure).

» SERRES , GABRIEL , rue Gargoulleau.

» SEIGNETTE , CAMILLE , rue de l'Arsenal.

» SEIGNETTE , Edouard , rue Réaumur.

» SERVET , rue des Gentilshommes , 28.

» SIRET , AUGUSTE , rue de l'Escale.

» SIRET , EUGÈNE , rue de l'Escale.

» SIMON , ALBÉRIC , Saint-Martin-de-Ré.

» SIMOUNEAU , rue du Palais.

» SIMOUNEAU , rue du Palais.

» SOUCHET , EMILE , Saint-Martin-de-Ré.

» THOUILLAUD (Ve E.), Saint-Martin de-Ré.

» TRONCHET , AIMÉ , rue Saint-Yon.

» VERDREAU , rue de l'Hôtel-de-Ville.

» VINCENS , JULES , rue Réaumur.

» VINCENS , GEORGES , rue Réaumur.

» VIVIER , ALFRED , rue Bazoges.

» VIVIER , LOUIS , rue Saint-Léonard.

M. VIVIER , THÉODORE , rue Réaumur.

Mmes WILCKENS , Ed., rue Porte-Royale.

» YVERT , GUSTAVE , rue Gargoulleau.

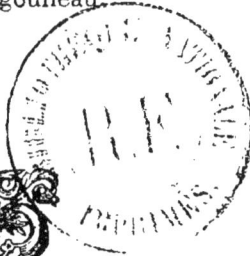

La Rochelle. — Typ. A. SIRET.

BIBLIOTHEQUE NATIONALE DE FRANCE

3 7531 04272521 9

www.ingramcontent.com/pod-product-compliance
Lightning Source LLC
Chambersburg PA
CBHW072030290326
41934CB00010BA/2446